MIZUTO AQUA

AMGTX10 001

CONTENTS

★★★ 01 Mr. Cinderella. ★★★

Kemunculan baru di majalah yang baru, membuat perasaanku deg-degan sekaligus tertekan. Makanya, untuk chapter satu saja butuh waktu lama. Selama 2 minggu terus-terusan bekerja. Setelah selesai bekerja, aku dan para asistenku janjian mau pergi jalan-jalan ke Sendai. Tapi karena masih capek, aku berangkat belakangan. Rencananya nanti ketemu di sana. Oh, karena akan muncul di majalah baru, aku juga membuat gambar diriku yang baru. Boneka Salju... soalnya sekarang musim dingin.

1

★★ Apa kabar?

Aku Mizuto Aqua. Salam kenal buat yang baru kenal. Terima kasih buat kalian semua yang mau membaca komikku "ALMIGHTY X10" ini!! Sebenarnya, komik ini muncul tepat satu tahun setelah komikku sebelumnya. Jadi aku agak deg-degan. Aku memang terus membuat komik, tapi rasanya senang sekali kalau bisa dijadikan satu buku seperti ini! Jilid satu kali ini penuh sekali, nggak ada halaman kosong, tapi di jilid 2 nanti, mungkin ada, aku usahakan untuk membuat bonus komik.

★★ Pindahan

Mulai tahun kemarin, aku pindah ke majalah baru "Chu Chu". Komik ini muncul dari awal penerbitan majalah. Banyak juga bonus di majalah itu, jadi jangan lupa beli, ya!

HEBAT SEKALI, JUU!

KAMU SEPERTI SEORANG PENYIHIR!

BAIK-LAH!

TERAKHIR, SAYA AKAN MENYIHIR ANDA!

WA!

WA!

ADUH, CANTIK-NYA!

KARENA KAMU SEPERTI PANGE-RAN...

SEMUA ORANG JADI RIBUT!

BUKAN!

SEJAK DARI AWAL!

SEJAK KAPAN KAMU MENAHAN DIRI?

SUPAYA CITRA SAYA TIDAK RUSAK WAKTU BEKERJA...

SAYA MENAHAN DIRI...

DI SEKITAR SINI?

TAPI KALAU DIBANDINGKAN DENGAN MAKAN SATU KUE BESAR...

MENGENAI NAMA "JUU" JUGA, SAYA SUDAH HAMPIR TIDAK KUAT...

HUH, SUDAH! CUKUP!

OH, MASIH ADA, LHO!

HE! HE!

MAAF-KAN SAYA!

KAMU GAMPANG SEKALI KETAWA, YA!

ME-NGURUS-KAN BADAN DULU SUPAYA BISA MAKAN...

GAWAT!

HU!! HU! HU! HU!

IYA, IYA!

AYO, MAKAN KUENYA!

SUDAH NGGAK MUAT!

TINGGAL 3 LAGI! 3 LAGI!

Aduh...

PASANG-AN YANG SERASI, YA!

LIHAT, ITU, ORI!

★★★02 ISLAND ★★★

Seperti bisa dilihat di sub-tittlenya, ini adalah pulau Tojo-gakuen. Cerita mengenai sekolah di sebuah pulau kecil, sebenarnya sudah sejak debut pertama aku ingin membuatnya. Tapi aku menyerah, karena berkali-kali ideku ditolak. Ketika hampir saja melupakannya, aku menemukan lagi ide ini. Lalu aku putuskan untuk memakainya di komik ini...! Syukurlah, editorku menyetujuinya. Oh, mengenai seragam. Untuk cewek warnanya Pink, cowok Blue. Tapi untuk tingkat dasar beda dengan tingkat lanjut...

TEN DON

* Coretan iseng waktu bekerja.

"AGAK" ...?

SETIAP SEKOLAH, SD, SMP DAN SMA, MASING-MASING PUNYA 2 ASRAMA!

YA, TAPI MEMANG AGAK KE-BESARAN, YA!

BESAR SEKALI!!

SEKOLAH-NYA ADA DI...

PULAU?

TERR!

TERR!
TERR!

?

AS-RAMA!

OH, YA, INI KAN DI PULAU, NGGAK MUNGKIN BISA PULANG PERGI!

2

★★　Surat

Aku senang sekali jika kamu mau kasih kesan, tokoh komik atau adegan yang kamu sukai ke aku. Karena majalahnya sudah ganti, alamatku pun ganti!

Divisi AL, Mizuto Aqua, Bagian Editing Chu Chu, Shogakukan, 2-3-1 Hitotsubashi, Chiyoda-ku, Tokyo 101-8001.

Balasan surat-surat kalian mungkin berbeda dari sebelumnya. Aku mau membalas dulu surat-surat yang sebelumnya sudah datang ke aku... mohon pengertiannya. Kalian nggak perlu melampirkan perangko balasan, yang penting jangan lupa tulis nama dan alamat yang lengkap! Kutunggu pesan-pesan yang mendukung semangatku!

HARU

ENAK SEKALI JADI ANAK MUDA, YA!

Hah...

JANGAN BICARA SEPERTI ITU!

Jadi kelihatan tua, tahu!

KALAU MAKAN KUE SEBANYAK ITU, PERUTKU PASTI NGGAK KUAT!

AKHIRNYA DATANG JUGA!

MASUK!

TOK!

TOK!

HI'IRO, DAN TOHGA...

KELAS 2-A, MOHON DIIJINKAN MASUK!

CEKREK!

HAH?

APA GARA-GARA JURUSAN AI, KAMU PINDAH SEKOLAH DI LIBURAN MUSIM DINGIN INI?

PA-NGE-RAN...

TOHGA JUGA SEPERTI PANGE-RAN!

KAMI MURID JURUSAN BIASA!

Kalau jurusan biasa, paling-paling cuma latihan atau main-main!

TAPI KALAU DI JURUSAN AI ADA KELAS KHU-SUS, JADI SEMUANYA MASUK!

LIBURAN MUSIM DINGIN!! SEKOLAH LIBUR, NGGAK ADA MURID!?

BUKAN! SELAIN COWOK ITU...

OH! KELAS 2-A, COWOK YANG ALERGI SAMA CEWEK!!

SYUKURLAH... APAKAH DI SEKOLAH INI ADA YANG NAMANYA "TOHGA"?

TOH-GA?

LULUSAN DARI JURUSAN AL, SEMUANYA BEKERJA DI "ALMIGHTY", YA?

GOSIPNYA, AWALNYA SEKOLAH INI DIDIRIKAN UNTUK MENDIDIK ALMIGHTY HELPER...

SEKOLAH INI JUGA DIDIRIKAN OLEH GRUP YANG SAMA!

YA!

WA!

WA!

HAH!

WAH!

ORANG TUA KITA CEREWET SEKALI INGIN MEMASUKKAN KITA KE SEKOLAH INI!

OH, YA, ADA JUGA KAKAK KELAS YANG MENIKAH DENGAN RAJA DI LUAR NEGERI, LHO!

IYA! MEREKA KAN SISWA YANG "DIDIDIK DI SEKOLAH UNGGULAN TOJO"!

LULUSAN JURUSAN AL MEMANG PATUT DIACUNGI JEMPOL!

BEGITU, YA... PANTAS BANYAK ANAK ORANG KAYA DI SINI...

★★★03 W CAST ★★★

Tohga ditemukan! Ketua klub Mizuki juga muncul! Issen yang nakal... banyak sekali. Ini episode yang aku sukai! Sekarang aku sedang kerja membuat ilustrasi komik ini, untuk dipotret dimasukkan ke dalam majalah Chu Chu. Karena aku sakit, terpaksa selama 3 hari aku menggunakan masker waktu pergi ke bagian editing. Untuk pemotretan. Karena butuh waktu lama untuk menggambar, aku jadi merepotkan fotografer dan penulis artikelnya. Tapi aku terhibur dengan kesan para pembaca yang suka dengan ilustrasi berwarna yang aku buat.

EBI TENDON

3

Terima Kasih

Buat asistenku semua yang selalu bekerja keras bersama! Berikutnya akan lebih berat lagi, lho! Tolong, ya! Editor! Benar-benar setiap kali... bahkan setiap hari aku selalu merepotkan. Maaf... aku tipe orang yang jadi bersemangat kalau dipuji... kali ini juga mohon bantuannya... maksudnya lebih banyak dipuji lagi, ya... Semua orang yang terlibat dalam produksi komik ini, mulai dari tanganku, bagian penjualan, sampai diterima oleh para pembaca... maafkan saya karena merepotkan kalian. Terus buat pembaca semua!! Aku masih akan terus berusaha, jadi mohon dukungannya!! Mizuto Aqua. Juni 2006.

?

KLUB BOAT?

BUKAN! KLUB PENJAGA PANTAI!

GLEK!

HUH, LAGI-LAGI KAMU!

JA-NGAN KE SINI!

KLUB PEN-JAGA PAN-TAI?

ADUH!

KALAU SEDANG BERFIKIR, PERUTKU JADI LAPAR...

UH!

KRU YUK...

KRU YUK...

KRUYUK!

UUUH...

BRAK!

DI SINI!

RA-SA-NYA...

SE-PERTI ADA YANG ME-MANGGIL-KU!

KALAU TUAS YANG ADA DI SITU DITURUNKAN, KECEPATANNYA AKAN TURUN!

SETELAH KECEPATANNYA TURUN, TEKAN TOMBOL YANG WARNANYA BIRU!

BRRRR...

WAA... KEREN SEKALI NAIK SPEED BOAT...!!

TE-NANG-LAH!

Mak-sudnya, bertahan-lah!

BER-HENTI...

BR.ooo

GYUT!

TURUNKAN TUAS...

TERUS TEKAN TOMBOL BIRU!

KLIK!

HAH?

APA?

HUH!

WAH, TUBUHM GEMETA SEKALI!

KAMU PASTI TAKUT, YA!

Sudah nggak-apa-apa, kok!

AKAN KUMAKAN BURUNG GAGAK ITU!!

HEI, JANGAN LIHAT KE ARAH SITU!

SOALNYA, AKU PAKAI SERAGAM CEWEK!

...

HAH? KAMU MAU KEMBALI LAGI...

JADI CEWEK?

SE-KA-RANG...

KEM-BALIKAN KEPALA-KU!

MAU KE RUANG KEPALA SEKOLAH UNTUK MELAPORKAN BAHWA KAMU LULUS UJIAN!

YA?

ALMIGHTY X10. SELESAI.

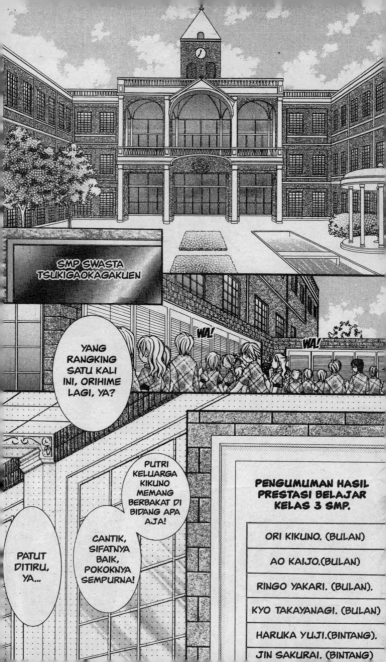

Buat Ori.

Ayah dan Ibu sedang jalan-jalan ke Tahiti. Juru masak dan pembantu rumah tangga kami ajak. Tolong jaga rumah, ya!

Dari Ibu.

Suratnya terlalu pendek.

ORI KIKUNO, 15 TAHUN.

SEDANG DALAM MASALAH BERAT.

MAU JALAN-JALAN BERAPA HARI!?

OH...

ADA SESUATU DI DALAM AMPLOP!

KARTU NAMA?

P.S. Kalau benar-benar mengalami kesulitan, silakan telepon orang yang ada di dalam kartu nama ini!?

AKU LAPAR...

UNTUK URUSAN RUMAH TANGGA, HARUS ORANG YANG BERBAKAT!

AKU YAKIN ITU!

OH...

PIP! PIP!

AIMIG

KRIING!

HALO, DI SINI ALMIGHTY!

CEKREK!

A...

ADA APA, ICHI?

JANGAN-JANGAN TAKAYA-NAGI...?

DIA KAN SUDAH BILANG BEGITU...

OH...

BRAK!

IBU MAU MENYAMBUT-NYA DULU!

KAMU CEPAT DATANG, YA!

OH...

NYO-NYA!

TAMUNYA SUDAH DATANG!

AKU NGGAK MAU MENIKAH, SELAIN DENGAN ICHI!

NGGAK BISA MEM-BAYANG-KANNYA!

BUKAN...

BUKAN CUMA TAKAYANAGI AJA...

SIAPA PUN ORANG-NYA...

KENAPA HARUS TUNANGAN SAMA TAKAYA-NAGI...

Beberapa tahun kemudian, mereka berdua menikah.

Mendidik banyak Almighty Helper...

Lalu mewujudkan impiannya mendirikan perusahan jasa pengiriman Almighty Helper...

Dan mengutus mereka kepada orang-orang yang membutuhkan.

Semua itu nanti...

Ada di kisah selanjutnya.

♥

(Almighty 01). Selesai.

LET'S VOLLEY BALL

Hanya dengan menatap punggung Kei tenagaku terkumpul untuk mendapat 1 angka la Akan kubuat tim voli SMU Oumi **menjadi juara!**

Memang sih...
nggak enak kalo selalu sendirian di rumah. Sepi!
Tapi kebayang enggak kalo tiba-tiba dititipi mengasuh 5 adik tiri?
Huwaaa... repot ya jadi 'mama'!

ALMIGHTY X 10 Vol.1 by MIZUTO Aqua
©2006 by MIZUTO Aqua
All rights reserved
Original Japanese edition published in 2006
By Shogakukan Inc., Tokyo
Indonesian translation rights in Indonesia arranged with
Shogakukan Inc. through The Kashima Agency for
Japan Foreign-Rights Centre

Almighty X 10 Vol. 1
Alih bahasa   : Frisian Yuniardi
Editor   : Anni Pramudito
Desainer Grafis : Heru Lesmana

Hak cipta terjemahan Indonesia
(2007) PT Gramedia
Hak cipta dilindungi Undang-undang
Diterbitkan pertama kali tahun 2007
Oleh PT Gramedia

Cetakan pertama: September 2007

Dicetak oleh:
Percetakan PT Gramedia
Isi di luar tanggung jawab percetakan